AF315843

2038

LES DELICES

DE

LA PAIX,

REPRESENTEZ

PAR LES ESTATS

Et les Villes de ce Royaume.

Par le Sieur BERTAVT.

A PARIS,

Chez Nicolas Iacqvard, ruë Chartiére, prés
le Puits-Certain, au Treillis vert.

M. DC. XLIX.

AVEC PERMISSION.

A MONSEIGNEVR

MONSEIGNEVR

MOLÉ

CONSEILLER DV ROY

en ſes Conſeils d'Eſtat, Privé,
& Premier Preſident en ſa
Cour de Parlement.

ONSEIGNEVR,

Cette heureuſe Paix dont le
beau viſage a de la peine à ſe faire
paroiſtre à ces eſprits inquiets ; mais qui ſe dé-
couvre & fait voir librement avec ſa pompe
& ſes largeſſes aux eſprits doux qui la reçoi-
vent avec actions de grace, ayant eſté tracée,

A ij

conduite & accomplie par voſtre incompara-
ble prudence & bonté : C'eſt, MONSEI-
GNEVR, preſenter à vos yeux les fruits que
vous avez produits, en vous offrant les delices
de la paix. A peine deux mois ſeront-ils écou-
lez que toute la France ne face entendre des cris
d'allégreſſes & de Benedictions pour voſtre
Perſonne, de luy avoir fait vn ſi riche preſent
& ſi agreable à Dieu : Les François ont toû-
iours eſté d'humeur à ne pas conſidérer l'origi-
ne des choſes, mais à s'arreſter aux effets qu'elles
produiſent. Celle-cy qui eſt toute vôtre, ſe fera
voir autant prodigue en bienfaits à l'endroit
de tout les Hommes, que ce Monſtre de Guerre Civile plus que demy formé leur préparoit
d'amertumes & de douleurs, bien que ie par-
ticipe avec le general à tant de graces qui pro-
cédent de vous : Ie vous ſupplie tres-humble-
ment, MONSEIGNEVR, de m'honorer
de cette particuliere, permettre que ie me diſe
avec le reſpect que ie vous dois,

MONSEIGNEVR,

Voſtre tres-humble, tres-obeiſſant,
& tres-fidele ſerviteur,
BERTAVT.

LES
DELICES
DE LA PAIX,
REPRESENTEZ
PAR LES ESTATS
& les Villes
DE CE ROYAVME.

Enfin la terreur des humains,
Ce Monstre armé de tant de mains,
Assouvy de nostre carnage,
Vomissant son fiel & sa rage,
A fait choix d'vn autre sejour,
Pour le rauager à son tour,
Faisant mainte éfroyable gestes,
plus redoutable que cent pestes,
Nous dit adieu auec regret,
Mais non pas le mot du secret,

Guerrier acroche ton épée,
Ou la cloporte & l'araignée,
Font leur fejour en ta maifon,
La guerre n'eft plus de faifon :
Muze adoucis vn peu ta veine,
Soufle moy de ta douce haleine ;
pour chanter le lots d'vne paix,
Qui foit durable pour jamais.

LA

IVSTICE.

VOicy le char de la Iuftice,
Ces mots gravez au frontifpice,
Dieu beniffe voftre retour,
Déeffe de paix & d'amour,
En main vn épée tranchante,
Cherchant la befte devorante,
Du moins la trace du paffé,
par tant de fang qu'elle a verfé,
Ie fuis la lumiere éclatante,
Ie fuis la main toute puiffante,
Ie voy, ie frape en tous les lieux,
I'ay le mefme pouvoir des Dieux,
Ie fuis l'effroy des paricides,
Du vol du feu des homicides,

Pour eux il n'y a point de lieux,
Qui ne foient prefens à mes yeux,
Si pendant le cours de la guerre,
L'on a pris ton pré & ta terre,
Ie fuis pour t'en faire raifon,
Et te conferver ta maifon.

LE
GENTIL-HOMME

IE voy l'honnefte Gentil-homme,
Confulter auec le bon-homme,
Comment remettre fon fruitier,
Son jardin & fon beau vivier :
Ie le voy marcher de viteffe,
poufsé du defir qui le preffe,
De reuoir la vigne ou le pré,
Ou fon par-terre diapré,
De milles fleurs que la Nature,
Enrichit auec fa peinture;
Ie le voy dans la baffe court,
pour voir chaque chofe à fon tour,
Ou à loifir il confidere,
Ce qui luy plaift ou peut déplaire;
Il regarde le colombier,
Si du couvreur ou du plombier,

Le meſtier ſeroit neceſſaire,
Si ſon Fermier parle d'affaire,
Il témoigne du déplaſir,
Qu'il n ayt tout veu à ſon loiſir,
Il entre dedans l'eſcurie,
Il viſite la bergerie,
Ravy d'entendre les aigneaux,
Faire muſique auec les veaux ;
Il voit ſi la grange eſt bien pleine,
De fromant meſtail & d'avoyne,
A lors il demande au fermier,
Ce qu'il a dedans ſon grenier,
S'entretenant juſques à l'heure,
Du ſouper à lors ſans demeure,
Il s'achemine à la maiſon,
Au bruit de la cane & l'oyſon ;
Il laue ſans ceremonie,
En ſe raillant de l'armonie,
D'vn prémedité compliment,
Si-toſt l'on luy ſert ſeulement,
Du veau & du mouton enſemble,
puis pour le ſecond l'on aſſemble
Vne paire de pigeonneaux,
Auéc autant de Hétudeaux,
pour le deſert de toute ſorte,
De fruit que ſon jardin rapporte,
Vne heure apres il va coucher,
Auſſi content qu'vn notonnier,
Qui s'eſt ſauué de la tempeſte,
Si le l'endemain il eſt feſte,
Il fait dire devotement,
La Meſſe bien honneſtement ;

puis

Puis boit vn coup dans la franchise
Avec la mere sainte Eglise :
Apres il va se promenant,
Tout seulet, ou s'entretenant
Dans le bois de haute futaye,
Dans le taillis & dans Launaye,
Où il entend nombre d'oyseaux,
Fait lever quelques perdreaux,
Ou quelque Liévre de son giste,
Qu'il suit doucement à la piste,
pour l'atraper le lendemain,
Retournant & faisant chemin,
Il entre dans la maisonnette,
Du berger qui prend sa musette,
pour entonner vne chanson,
De perrette ou bien d'alison,
Ravy de revoir son bon Maistre,
Auquel il promet faire paistre,
Son troupeau auec tout le soin,
De ce qui luy fera besoin,
Aymant mieux cette melodie,
Qu'vne musique bien choisie :
S'il aprend qu'il soit Vendredy,
Il demeure vn peu estourdy;
puis tout à l'instant il commande,
Que dans le logis l'on demande,
Où l'on a serré l'eschiquier,
pour le ietter dans le vivier,
Que si l'on pesche quelque chose,
Vne bonne sausse on compose,
Recommandant au cuisinier,
De faire valoir le mestier,

C

O Dieux la differante vie,
De celle-là qui n'eft fuivie,
Que de qui viue ou qui vala,
L'enfer invente tout cela,
Ravy fans bouger de la place,
Les yeux au Ciel il luy rend grace,
De revoir encor fa maifon,
Malgré la guerre & fon poyfon.

LE
MARCHAND·

L'ON voit le Marchand qui s'éveille,
Sa jouë devenir vermeille,
Efperant que dans peu de jours,
Le traficq reprendra fon cours,
Il ne peut demeurer en place;
A midy il court à la place,
pour fçavoir ce que vaut l'argent,
A Lyon, & combien pour cent,
Il voit du monde en fa boutique,
Il ne veut plus revoir fa pique,
Aymant mieux vn combien cela,
Que le mot de demeure là,
L'argent qui chez-foy fe remuë,
peu à peu raffeure fa veuë,

S'il visite son Magazin,
Il prend le petit doit de vin,
S'il vient vne lettre de change,
Il l'accepte & paye le change,
Ainsi sans remise & protez,
Il abrege vn mauvais procez,
Son seruiteur reprend sa force,
La vieille seruante s'efforce,
De faire quelque bon ragoust,
pour faire reuenir son goust :
Il est tout changé de visage,
Il cause avec le Voysinage,
De guerre il ne s'en parle plus,
Aymant mieux quelque bon rebus
De picardie ou de champagne,
S'il veut aller à la campagne,
pour y voir son petit logis,
Il n'est plus comme la souris,
Qui ne sort jamais sans la crainte,
D'avoir quelque mauvaise atteinte,
Sa femme & luy s'entretenant ;
O Dieux! quel soudain changement,
L'on doit bien benir la journée,
Que la paix a esté signée.

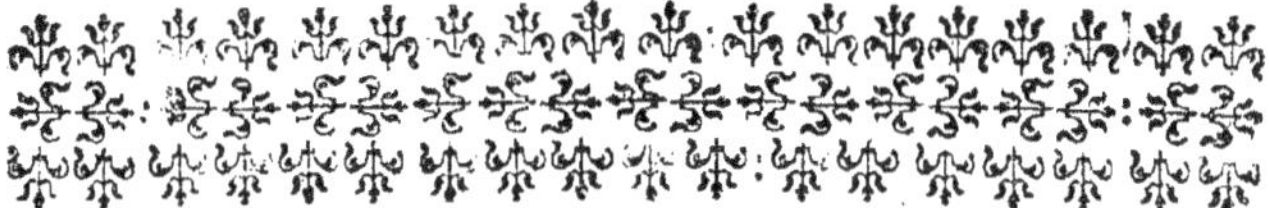

LE
LABOVREVR.

L'ON voit le pauvre laboureur,
  Outré d'vne iufte douleur,
  Les yeux creux, le vifage blefme,
penfif, refvaffer en foy-mefme,
Auquel il pouroit s'adreffer,
ponr ayder à le redreffer,
Mais quoy il n'a plus que l'écorce,
Sa voix n'a pas affez de force,
pour faire entendre la douleur,
Qui luy ferre & preffe le cœur,
La paix quelque peu le confole,
Ses bleds qui font en bonne fole,
Et de façon d'eftre meilleurs,
Qu'aux terres qu'il laboure ailleurs:
Il a recours à fon bon Maiftre,
Chez lequel il n'ozoit paraiftre,
pour vne debte du paffé,
Dont il l'avoit fort menaffé;
Qui luy donne bonne efperance,
Luy remonftre la confequence,
De ne pas quitter fon Travail,
Sa ferme & tout fon attirail,

pour lors

Pour lors reduit à peu de chose,
Lors vn petit vermeil de rose,
S'entremesle avec sa couleur,
Tout ressemblant à la lueur
D'aurore qui commence à poindre,
Il choisit de deux maux le moindre,
Et sans attendre au lendemain,
Il reprend la charuë en main,
Il prend courage il s'évertuë,
Sa femme à travailler se tuë;
Et avec eux tous leurs enfans,
pendant leurs esprits & leurs sens,
Doucement reprennent la place,
Qu'ils auoient auant leurs disgraces
Et voyant la belle saison,
Repeuplent vn peu la maison,
De pigeons & d'autres volailles,
Ils acheptent quelques aumailes,
pour refaire vn nouueau troupeau,
D'autres Vaches & vn Torreau,
Car la forme estoit dénuée,
Ainsi qu'on voit vne nuée,
Qui a versé toute son eau,
Vn peu de graisse sur la peau;
Luy paroist plus qu'à l'ordinaire:
C'est lors qu'il comméce à se plaire
Au travail comme auparavant,
Que le matin en se levant,
Il adresse à Dieu sa priére,
Qu'il ayt pitié de sa misere,
Benissant son petit labeur,
Le delivrant de la frayeur,

D

Qui ne peut quitter ſa penſée,
L'horreur de la guerre paſſée;
Il ſupplie ſa prouidence,
Sa grace ſa perſéuerance,
De reſiſter à tant de maux,
Tant de peines, tant de trauaux,
Dont la creature eſt ſuiuie,
En attendant vne autre vie,
puis, il ſe leue bruſquement,
pour paroiſtre plus promptement,
A tous ſes gens & ſa preſence,
Les exorte à la diligence,
Le chartier penſe les chevaux,
Les autres voyent leurs troupeaux,
Ainſi chacun pour luy complaire,
S'entremet à ce qu'il doit faire,
Iuſques au temps du desjeûner,
De ce que Dieu leur veut donner:
pour cela perſonne ne grogne,
C'eſt le plus doux de la beſogne,
Vn peu apres aſſez ſoudain,
Il prend ſa baguette à la main,
Faiſant vne forme de ronde,
pour voir travailler tout ſon monde,
Il voit ſes bleds tout à lentour,
Qu'il trouue beau de iour en iour;
Laize luy faire dire en ſoy-meſme,
Voyons ſi l'auoyne eſt de meſme;
Il paſſe ainſi tout le matin,
Iuſques à l'heure du feſtin,
Compoſé d'vn fort grand potage,
D'vn peu de lart & d'vn fromage;

Et quand cela eſt en ſon lieu,
Faut dire grace & puis adieu;
En mengant perſonne ne raille,
Car ceux qui demande la taille,
Sont à la porte en attendant,
Avec eux vn rouge Sergent,
Qui en entrant prend la vaiſſelle,
Qu'il guarre deſſous ſon aiſſelle :
La nappe eſt priſe par les autres,
Qui en demandent encor d'autres
Ou qu'on prendra le maiſtre au corps;
Cependant vn maiſtre Recors
Voyant vn manteau pres la porte,
Le met ſur ſon dos & l'emporte.

MESSIEVRS
DE
PARLEMENT.

MAIS voicy vn autre Sergent,
De par Meſſieurs de Parlement,
Qui fait commandement de rendre,
Tout cela que l'on vient de prendre,
En vertu d'vn fort bon Arreſt,
Qui défend l'vſage du preſt,

Le quart de diminution ,
Porté par Déclaration ,
Ce qui fut fait à l'heure mefme ;
Le partizan en deuint blefme,
Ou fon commis que ie ne mente ,
Sur lequel on fait la decente,
De quinze ou vingt coups de baftons ,
Qui luy font tourner les talons ,
A lors le bon-homme retourne,
priant le Sergent qu'il s'éjourne,
Qu'il luy veut faire vn bon repas ,
Et le contenter de fes pas ,
Luy doucement le remercie,
Qu'il faut que l'Arreft il publie,
promptement & en diuers lieux ,
pour faire rendre grace aux Dieux,
Qui affeurent toute la France ,
Que deformais la violence,
Des nouueautez & les abus ,
par eux ne fe fouffriront plus,
Quoy que la Cour en face inftance,
Bien armée de perfeuerance,
Contre Prince ou Grand qui foit-il ,
Le Fermier dit , ainfi foit-il.

Le Delice

LE
DELICE
DES
VILLES.

Voicy le delice des villes,
En repos & toutes tranquilles,
Les sens n'estant plus agitez,
De crainte de perplexitez,
L'officier & l'homme d'Estude,
Les plaideurs dont la multitude,
Desplaist fort aux honnestes gens,
Tous repraignent leurs erremens,
Le bourgeois qui vit de ses rentes,
Ioyeux n'est plus payé d'attente,
Le procureur & le sergent,
Ne faisoyent point venir d'argent,
L'artisant devenu étique,
Ouvre tout à fait sa boutique,
Ravy de vendre & travailler,
Et ses armes au ratellier,

Chacun reuoit ces promenades,
La commédie, les aubades,
Ont leur cours comme auparauant,
Les Roys & carefme-prenant,
La terre couuerte de londe,
Cét hyuer eftonnoit le monde,
Vne fefte qu'il face beau,
Paris déborde comme l'eau,
La terre fe trouue couuerte,
De gens affis fur l'herbe verte,
Et d'autres qui roullent le bois,
pour boire la petite fois,
L'on voit les peres de familles,
Auec leurs femmes & leurs filles,
prendre le diuertiffemant,
Doucement en fe pourmenant,
Ceux qui ont des maifôs prochaines,
Y courent à perte d'halaines,
Tant ils font defireux de voir,
Si leurs gens ont fait le devoir:
Arriuez qu'ils font l'vn devore,
Quelque arbre qui boutonne encore,
L'autre s'encourt droit au fruitier,
Au par-terre ou au potager,
perfonne en ce lieu n'eft malade,
Le valet cueille la Salade,
La feruante apporte le vin,
Le pafté, le fruit & le pain,
pour lors vn chacun fe raffemble,
L'on demande que vous enfemble,
Le jardinier n'eft pas foigneux,
Vne autre fois il fera mieux,

Le feruiteur & la maiftreffe,
S'ils ont vne égale tendreffe,
Souhaiteroyent qu'vn fi beau iour,
Ne finift qu'avec leur amour.
Mais voicy la nuit qui s'aproche,
Qu'avec regret l'on fe raproche,
Fachez d'avoir fi peu de temps,
A goûter le bon air des champs,
O d'it-on la belle iournée,
Du matin & d'apres difnée,
O campagne d'heureux fejour,
pourquoy fi toft finir le jour,
De retour le voifin s'affemble,
Hé bien fouperons nous enfemble,
Ioignons tout ce que nous avons,
Et ce foir nous réjouyffons,
Chacun àyant veu fa cuyfine ;
I'ay vn Gigot de bonne mine,
Et moy vne longe de veau,
Et quelqu'autre bon alloyau ,
Celuy qui n'a que du potage,
Aportera fruit & fromage ,
Des oranges, & pour le vin,
Chacun porte le pot à frin :
Là l'on boit & mange à fa guife,
La grimaffe ny la feintife,
Les querelles & les excez,
En ces lieux perdent leurs procez,
Sur la fin la paix fe prefente,
comme vne Déeffe contente,
D'avoir chafsé tant de mal-heurs,
pour introduire fes douceurs,

O paix que tu és agreable.
O que ton fruit eſt delectable;
Dieu beniſſe pour vn jamais,
L'autheur d'vne ſi bonne paix.

Permis faire imprimer les Vers, *intitulez,* les **Delices de la paix,** &c. *Fait ce* 24. *Avril* 1649.

Signé, DAVBRAY.